AF489203

Deseo de Estrella

AXIOMA
EDITORES

TERCERA EDICIÓN, SEPTIEMBRE 2022

Editado por Axioma Editores, 2020

Editora: Vanessa Bedoya Díaz

Portada (Dibujo): Laura F. M.

Portada (Diseño): Vanessa Bedoya Díaz

Ilustraciones: Laura F. M.

ISBN: 978-958-48-9120-4

Impreso y hecho en Colombia

Por ti, para ti.

Mi nueva luz,

mis nuevos ojos.

Contenido

Palabras de la autora

Quiero contarles un poco del por qué de este poemario.

Hace muchos años soñaba con convertirme en madre, siempre con una meta clara en mente: ser mamá antes de los 30 años, por lo que cuando cumplí 28 años y aún no había encontrado a esa persona con la que quisiera empezar una familia, decidí convertirme en lo que algunos llaman una Mamá Soltera Por Elección, lo cual quiere decir que me tiré al ruedo sola, decidí hacerlo a pesar de no tener una pareja, busqué una clínica de fertilidad, un donante y voilà, quedé en embarazo en el primer intento. Realmente es mucho, mucho más complejo que eso, pero para fines prácticos, así fue como sucedió.

Incuso antes de tomar esta decisión empecé a escribir, porque eso es lo que hago. Inicié un diario que algún día le daría a mi hijo o hija. En él, le contaba mis miedos, mis anhelos, los desafíos que enfrenté y todo lo que experimenté; surgieron cartas, poemas y hasta dibujos, muchos de los cuales terminaron aquí, en este poemario en el que podrán experimentar un poco de este hermoso y complejo viaje hacia la maternidad a través de mis palabras.

Esta es la tercera edición de Deseo de estrella y sé con toda certeza que estas palabras van a resonar en muchos, pues a lo largo de los dos últimos años me han escrito todo tipo de personas y familias contándome cómo sintieron mis palabras suyas; hablo de mamás y papás que han perdido bebés y ahora viene su bebé arcoíris en camino, familias que planearon y anhelaron su bebé, mujeres que quieren pasar por un proceso como el mío, e incluso mujeres que se convertirán en mamás solteras por obligación, pero que aun así decidieron amar desde el primer momento a sus bebés.

Espero que mis palabras permanezcan en sus corazones, que estos poemas también sean de ustedes, de sus hijos e hijas y que los anime a empezar su propio diario lleno de palabras de amor para ellos.

Con amor,
Laura, mamá de Maximiliano.

Cazando estrellas fugaces

Había una vez una chica algo solitaria
que buscaba crear la realidad que deseaba
le pedía al universo llenar su vida de luz y amor
mientras las estrellas observaba

Pertenecer

No me interesa sobrevivir, me interesa VIVIR

¿Cuántas estrellas fugaces debo sorprender?

¿Cuántos deseos tengo que pedir?

No tengo nada, y nada ni nadie me tiene a mí

Deseo pertenecer

pertenecer o desvanecer

solo pertenecer

como esta lágrima le pertenece a esta mejilla

Empezó como todo

Una pequeña idea

una necesidad

una luz constante

pero a punto de extinguirse

apenas una llama

Prevalecía en el profundo océano de mi corazón

alimentada por el oxígeno de los vientos de agosto

Mas esa flama creció tanto

que me quemaba por dentro

y no quería, te aseguro que no quería

pero la tuve que compartir

pues estar expuesta a tanta luz

terminaría por cegarme

Voz abozalada llena de palabras silenciadas
argumentos que apuntan al aire
y exhalan una lengua mutilada

Alma inadvertida
en medio de una luna llena olvidada

Una loba invisible le aúlla
esperando ser escuchada
pero la noche se llena de una espesa bruma
que la deja aislada y destrozada

¿Acaso puede un poeta crear poesía

si desconoce el significado

de la palabra amor?

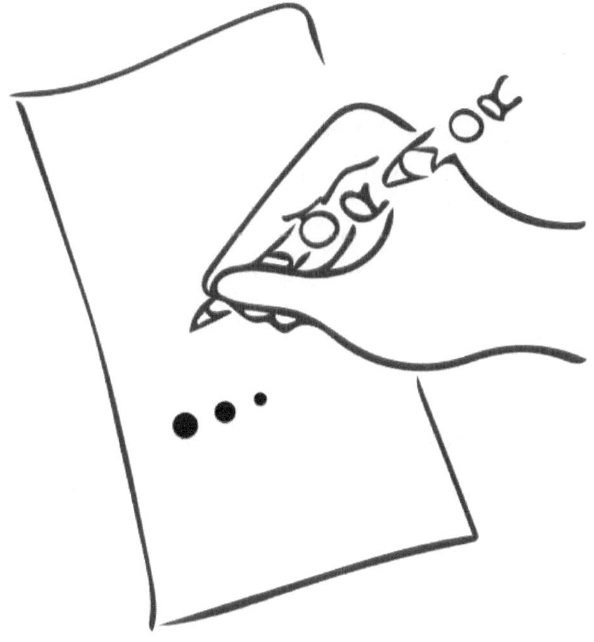

Laura F.M.

Una sombra la hacía invisible

Así permaneció por horas
INVISIBLE
solo ella y la noche

El frío viento acariciaba su piel
como queriendo darle un abrazo

La única luz era el brillo de la luna
que se reflejaba en el mar

Sus ojos miraban a la nada
secretamente buscando otra sombra en la noche

Nada le trae más serenidad a mi mente

y paz a mi alma

que observar una noche estrellada

Mi mente se apaga con la noche

mientras mi alma se ilumina

como las estrellas que tan fisgonamente

observo por horas

Crear

Estoy trabajando en crear

la realidad que quiero tener

en vez de conformarme

con la realidad que puedo tener

Hoy, en esa realidad

solo me interesa ser feliz

tediosamente feliz

sin razón aparente

Quiero que, al acabar cada día

haya chuleado tantos sueños

que cada noche tenga que crear

una lista nueva de sueños por cumplir

Mi palacio se inunda con olas de miedo y caos

Un dique de sueños y paz crearé
y este palacio en fortaleza se transformará
filtrará las dudas
y dejará pasar la esperanza

Luz

Bóveda celeste de infinita belleza y esperanza

solo te pido una de esas lucecitas

para que por siempre ilumine mi vida

y aleje la oscuridad de mi corazón

—Todo está muy oscuro

—¿Y si enciendes la luz?

Ok universo, es tu turno

Confiaba que sus sueños fueran al fin escuchados

se sentía una con el universo y aun llena de miedo

sabía que ahora tenía grandes aliados

Estoy en la punta de un rascacielos
justo en la esquina de mi inconsciente
cruzando mis temores
hacia el final de la calle de mis suspiros

Desde donde estoy
se puede ver el cielo de mis pensamientos
lleno de cometas y estrellas sin dirección
bajo la mirada
se ven algunos carros en la calle
huyendo con mis sueños

A lo lejos está un frío y oscuro mar
en dónde se refleja el trastornado cielo
y cuya única función
es la de servir de espejo celestial

Me parece sentir una corriente cálida
y no puedo evitar preguntarme, ¿de dónde viene?
¿quién viene en camino?

Le pedí al cielo que abriera las puertas
y te dejara cruzar

Entonces, una sola estrella fugaz
viajó frente a mis ojos

¿Eras tú?

Ver el reloj a las 11:11
mientras empieza a sonar
"Don't worry about a thing
'cause every little thing
gonna be all right
this is my message to you"

No imaginaba que la voz del universo
sonara como Bob Marley

—Ok, universo,
te escucho—

*No te preocupes por nada,
porque todo va a estar bien,
este es mi mensaje para ti

Universo, estás tan cerca de demostrarme
que la valentía tiene recompensa

Estás tan cerca de concederme lo que te pedí
tan cerca que me muero de miedo
de que en el último segundo
no me encuentres merecedora
y me lo arrebates todo

Estoy lista para recibir

Verás, soy más fuerte que un ser humano común
pues estoy hecha de material de estrella
estoy diseñada para brillar
creada para viajar grandes distancias
con más energía que el mismo sol

Me cansé de ocultar mi luz
estoy lista para resplandecer

Estoy lista para recibir

Fui tu madre antes de ser hija

Desde el génesis

estamos destinados a ser

estamos destinados a ver los mismos caballos

y oler las mismas flores

En cada vida serás mi maestro

y yo tu guardiana

y tu eterna alumna

Evolucionamos con cada muerte

y, en cada renacer, la luna ilumina mi rostro

recordándome que estoy vacía

permitiéndole a las estrellas enseñarme el camino hacia ti

Deseo concedido

Ese atrevido deseo que le pidió a una estrella fugaz
fue por fin otorgado
y la chica conoció el amor más puro por años manifestado

Hoy amanecí

con el corazón

en el estómago

En este cuerpo hoy coexisten dos almas

somos uno, somos dos

El corazón lo comprendió primero, después el cuerpo lo notó

sabe que hay algo diferente

ahora late más fuerte, pero ya no siente prisa

-así se siente estar completo-le digo

Este cuerpo que a veces sentí insignificante

se ha convertido en su propio pequeño punto azul pálido*

hogar del ser más importante

de un mundo, hermoso, complejo y en perfecta sincronía

Ni un solo hueso, ni una sola célula lucha contra este infiltrado

cuerpo y mente hacen espacio donde antes parecía no haberlo

por primera vez estos dos extraños

se encuentran en la mitad del camino

permitiendo que inicie entonces

la más extraordinaria y mágica transformación jamás antes vista

Una mujer se convierte en mamá

*Un punto azul pálido (1994), libro de Carl Sagan. En 1990 solicitó que la sonda espacial Voyager

tomara la primera foto de la tierra, se puede ver entonces un punto azul pálido muy pequeño.

¡Por fin lo logré!

Me volví alquimista
he creado vida
con un poco de luz de luna
19 gotas de amor
y paciencia hervida

Metamorfosis

Perros deslizándose por la colina

árboles que nunca mueren

caballos que relinchan melodías al despertar

aves fugitivas del arcoíris descansan en los árboles

y dentro de mí, hace metamorfosis una estrella fugaz

¿Quién se atreve a dudar

que vivo en un cuento de hadas?

Hoy, con 6 meses de embarazo, casi 10 kilos de más,
celulitis, caderas y brazos grandes
puedo decir algo que nunca pensé decir:

¡Me siento como la mujer más hermosa del mundo!

Porque dejé de ver mi cuerpo desde afuera

Ahora veo todo lo que puede hacer
todo lo que está haciendo

¡Dentro de mí, hay vida!

Por primera vez me veo al espejo
y amo cada centímetro de este maravilloso
y perfecto cuerpo

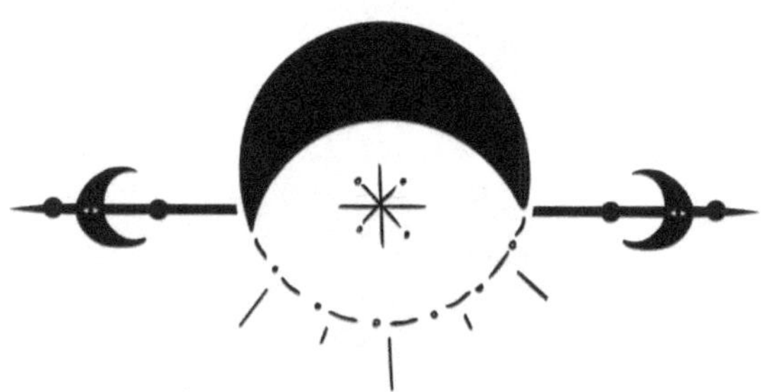

Realmente reconocí mi cuerpo
y fui consciente de él
cuando albergó otra vida

Ya sé quién eres
ya conozco tu energía
tú ya me elegiste

En una de esas noches
de discusiones con el universo
nos vimos tú y yo

Prometo ser tu guía terrestre
pues tú ya eres mi guía estelar

Mi cuerpo mutó desde las entrañas
no se detuvo por 38 semanas
hasta que se transformó en otro

Y en el día 5 de la semana 38
dejó de ser mera sustancia
por varios minutos fue solo alma
se volvió portal
y al cerrarse el paso
volví a ser humana de nuevo
regresé hecha fresca figura
pero con media alma arrebatada
la otra mitad se hospedaba ahora en él

Otorga luz, querida ave fénix

que mientras das luz

morirás en un espectáculo

de energía creadora

y renacerás hecha

portal de estrellas

19 de noviembre:

No era del todo invierno
pero como solía suceder en noviembre
no paraba de llover

Esa mañana, sin embargo,
salió el sol

Las nubes se retiraron
despejándote el camino
el sol del mediodía nos cobijaba con cariño
se escurría sin permiso
a través de la indiferente ventana del quirófano

Luego

Nada

Vacío

Vacía

Te arrancaron de mi
y el firmamento desató una tormenta
una borrasca
que se enredaba con tu llanto

Las puertas del cielo habían sido cerradas
ya hacías parte de la tierra
¡Venturosa tierra!

La más bella emisaria del sol resguardaba tu llegada
Y una constelación completa aguardaba tu aparición

Y ahí estabas

Tú
ese 19 de noviembre

El día que nací
el día que entendí

Mira ahora cómo agradezco
y cada que lo hago
mi lengua libera 19 gracias

Con tu llegada

llegaron también unas ganas de vivir

que desconocía

y un poder

que no sabía que poseía

o que tal vez había perdido

Mujer de hojalata

Me tomó casi 29 años demostrar
que merecía un corazón de verdad

Antes, no era más que un Pinocho andante
una mujer de hojalata de piel fría y palabras autómatas
en busca de un corazón

Y llegaste tú, con mi corazón de niña de verdad
envuelto en el más bello odre
y decorado por los más bellos rizos

Y por fin fui

Existe

Me considero una persona espiritual
sin embargo, te confieso
que siempre he luchado
con el concepto de Dios

Hasta el día que naciste y sentí tu llanto
incluso antes de verte, algo en mí se activó
entré en un trance de consciencia divina
y estoy segura de que, por unas milésimas de segundo
tuve acceso a todas las verdades del universo

Y cuando te vi, lo entendí TODO

Dejé de dudar
me inundó la certeza
de la existencia de Dios
no del Dios que me enseñaron
sino del mío o la mía
Dios, sin género
de ninguna religión
de todas las religiones
Dios, solo esencia

Cuando cruzamos la mirada

sentí que era Dios

quién me estaba mirando

Te pusieron en mi pecho

y sentí debajo de mi cuello tu calor

tu forma perfecta, tu olor maravilloso

¡Dios existe!

Ese Dios que acababa de comprender

¡Tiene que existir!

Sospecho que estuvo toda mi vida escuchándome

me conoce a la perfección

y aunque muchas veces dudé

ahora entendía

que sí que me había prestado atención

sí que me ama, y por eso

me dio al ser más perfecto del universo

a su ángel más especial

a su cúmulo de energía más brillante

Por semanas, después de tu nacimiento
mi cuerpo lloró lágrimas de sangre

La ausencia inminente de tu luz
dejó una oscuridad excepcional

Era demasiado para soportar
sentimos frío y temor

Le avisé que no te habíamos perdido
simplemente dejábamos que tu grandeza siguiera expandiéndose
pues tu luz
tu luz
no podía ser contenida por un pequeño cofre humano

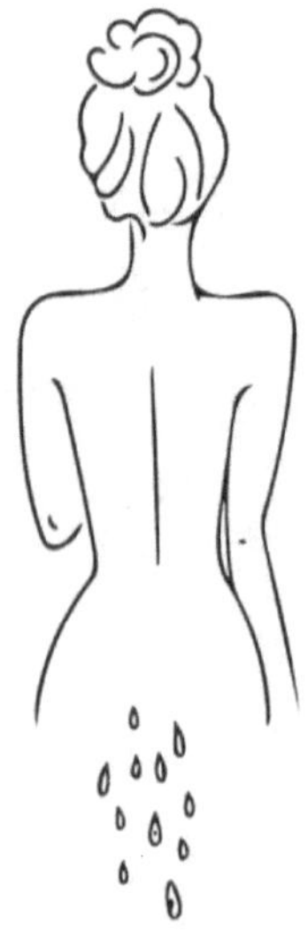

Convertirme en tu mamá

es la mayor aventura de mi vida

una en la que he tomado

el camino más difícil y rocoso

y cómo suele suceder

son esos los caminos que nos llevan

a los mejores destinos

Desde el momento en que te vi

supe que esta vida

era una que valía la pena ser vivida

No te sientas insegura de tu cuerpo

no te atrevas a juzgarlo

no a ese cuerpo que dio vida

no a se cuerpo que te permitió creer en milagros

no a ese cuerpo que hizo lo imposible

lo que ningún genio podrá hacer: hospedar dos almas a la vez

no a ese cuerpo que soportó tus críticas en la adolescencia

ese al que nunca has visto como lo que es: perfecto

no a ese cuerpo que a pesar de ello

te ama y te da vida día tras día

no a ese cuerpo que te convirtió en mamá

No te atrevas a juzgarlo

no a ese cuerpo de magnificas curvas y espalda fuerte

no a ese cuerpo que sana solo, como por arte de magia

no a ese cuerpo que te convirtió en alquimista

y transformó tu sangre en oro liquido

no a ese cuerpo que se expandió más allá de sus limites

y reacomodó todos sus órganos para abrirle paso a tu bebé

no a ese cuerpo que te permite calmar a tu hijo con una caricia

No te sientas insegura de tu cuerpo

comprende que tu cuerpo es sabio y amable

tal vez es hora de lo seas con él tú también

Mujer, poeta, (¿acaso no todas las mujeres somos poetas?), madre, rota, reparada (algunos pedazos nunca se recuperaron), imperfecta, egoísta, estudiante, maestra (de algunos), oscuridad, (llevo varios segundos siendo) luz, niña, temeraria, solitaria, loba (le permití por fin despertar), valiente, (jamás) damisela (en peligro), equivocada (más veces de las que quisiera), hermosa (así me lo tenga que repetir a diario), belleza, dolor y compasión, no soy nada de lo que solía ser, soy todo y más, SOY

Concebir un bebé es prueba
de que las mujeres somos alquimistas, brujas, hechiceras
sí, esas que solían quemar con la llegada de una luna nueva
poderosas, creadoras de vida
las últimas, también las primeras
¿cómo te atreves a pedir más pruebas?

En un mundo lleno de batallas y santos
siempre hemos sido las más grandes guerreras
activistas, parteras, curanderas

Cuando nos convertimos en madres
es aun más claro nuestro poder
un potencial sin fronteras que nos permite trascender
esa inevitable conexión con la fuente divina
a la que podemos de ahora en adelante, y por siempre acceder

La gran primera madre nos convierte
en cómplices de la creación
representantes del universo
herederas de la gran revolución

Alquimistas, brujas, hechiceras
del universo, las verdaderas mensajeras

Conversamos con solo mirarnos a los ojos
me cuentas todos los secretos del UNIVERSO
y yo te explico que no necesito entenderlo
cuando ya lo tengo en mis brazos

No me cansaré de decirte:

GRACIAS, GRACIAS, GRACIAS
GRACIAS, GRACIAS, GRACIAS
GRACIAS, GRACIAS, GRACIAS
GRACIAS, GRACIAS, GRACIAS
GRACIAS, GRACIAS, GRACIAS
GRACIAS, GRACIAS, GRACIAS
GRACIAS

Pido perdón por adelantado

porque desde luego me voy a equivocar

y sentiré que te he fallado

en algunas ocasiones me faltará paciencia y tranquilidad

pero te prometo que la calma de Buda voy a buscar

trataré de tomar las decisiones correctas

unas que aseguren el mejor futuro

pero hijo, si me equivoco, espero sepas

que ninguna decisión se tomó con apuro

Algún día, si decides ser padre entenderás

que solo somos humanos

que nos equivocamos mucho además

Seguiré intentando convertirme en mejor mamá cada día

prometo aprender de mis errores

y pedir perdón con valentía

Gota a gota cae

como clixir preciado del olimpo

último esfuerza de Hera

quien se rehúsa a desconectarse

de su bebé por completo

Blanca lluvia

blanca y pura

como sus intenciones de nutrir y saciar

Oración de buenas noches

Paz en tu mente
serenidad en tu cuerpo
aventuras en tus sueños
y calor en tu corazón

Son mis deseos para esta noche
que amanezcas lleno de motivación
y que tu día esté repleto de emoción

No sabía que había en mí

tantos besos

tantos te amo

Podría respirar en medio de besos

hablar solo con "te amo"

Mientras el mundo duerme

te observo

te respiro

sueño con tus sueños

Cada día de tu vida

es un milagro en la mía

Renacer

cada que

me sonríes

¿Sería tan horrendo si te acostumbraras a dormir

con caricias en tu rostro y con besos en tu frente?

no temo demostrar amor

quiero que siempre sepas cuanto te amo

que no haya lugar a duda

las palabras no son suficientes

son fáciles de decir, se pierden en el aire

pero un abrazo y un beso

de esos que vienen del corazón

no hay algo que se compare

Espero compartirte mi energía con una caricia

lograr transferir toda mi calma y mi esperanza

curar caídas con un besito en la rodilla

y sanar tu corazón con un abrazo

Y aun cuando ya no esté físicamente a tu lado

en especial en esos momentos, te ruego que nunca dudes

en las noches, antes de cerrar tus ojos

que mami es la persona que más te ama en todo el mundo

te pido que sea lo último en lo que pienses al finalizar tu día

que mis besos y caricias trasciendan en el tiempo y el espacio

que entiendas que para mi eres y serás siempre

la persona más increíble de todo el universo

Lo observo dormir

y alimenta mi alma

como el mejor de los fertilizantes

Su pacifico sueño me ayuda a recobrar mi energía

y agranda mi alma

Pues es luz

Pues es sol

Pues es vida

La lluvia del invierno se apodera de mis ojos

pero su durmiente luz transforma mis lágrimas

en fresca lluvia de verano

Todo mientras Morfeo asegura sus sueños

y Hera sonríe al ver realizados los míos

Mi hijo, mi vida

tu nombre significa grandeza

y eso deseo para ti

que seas grande

Grande en compasión

Grande en amor

Grande en paz

Grande en gratitud

No espero que seas el mejor en los estudios

o el más inteligente

solo sueño con que seas lo que ya eres:

Un ser de luz

SÉ FELIZ

Hijo mío, no importa que la sociedad

o incluso yo en este momento

trate de decirte cómo debes ser

cómo te debes vestir o comportar

recuerda siempre que eres inigualable

la más bella creación del universo

Solo sé tú y serás perfecto

SÉ FELIZ

Prometo nunca olvidarme

de regar con abundante agua tu corazón

y abonar con mucho amor tu mente

quiero verte florecer

y crecer

con raíces fuertes y hojas verdes

Si es necesario, dejaré de ser luna,

me convertiré en sol

solo para asegurarme que no te falte nunca luz

Gran chamán lunar

conjurador de elementos que no te osan desafiar

encantador de mariposas

admirador del viento y sus danzas

oh, como me llenas de enseñanzas

La tierra en tus manos, se filtra por tus dedos

mientras el aire obedece todos tus deseos

tocas las plantas a tu alcance con cariño y delicadeza

reconociéndolas, saludándolas, está en tu naturaleza

Con tu llegada, la orquesta cambia de entonación

viento, plantas, árboles, e incluso el limón

pues ha llegado el gran director

Olvido que tienes 12 meses

quizás observo a alguien de 1.200 años

veo sabiduría, conocimiento, perfectos ojos ermitaños

Solo gracias me quedan por dar

gracias, por permitirme ser parte de la vida

de este gran hechicero estelar

"Eres una Estrellita que Dios envió
para iluminar mi vida"
es lo que tu abuelo me ha repetido toda la vida
que curioso que tú también seas la mía

Se me ocurre que tú y yo
nos conocimos en forma de estrellas
me gusta pensar que éramos
lo que los científicos de la tierra llaman estrellas binarias
tal vez recorríamos juntos las inmensidades del cosmos
quizás hicimos un trato
el de encontrarnos de nuevo acá
y así recorrer de la mano este nuevo hogar

Desde que soy muy pequeña
me tumbaba en el techo por horas con tu abuelo
observábamos las estrellas
y luego veíamos a Carl Sagan

¿Y si él fue parte de este trato?
A lo mejor fue un amigo que hicimos en el camino
y lo enviamos primero
para que me enseñara a dónde dirigir la mirada
y los sueños

fuiste tú,
siempre fuiste tú
la razón
por la que seguía con vida

Tu mirabas, fascinado, la lluvia

y yo, lluviosa, no podía dejar de mirarte a ti

Tarde perfecta de verano

Salió el sol

se infló la piscina de cocodrilos

hicimos malteadas

encendimos la música

observamos la luz filtrándose por los árboles

el abuelo comenzó con el asado

los vecinos pasearon bajó el sol con sus mascotas

presenciamos la llegada del atardecer

los pájaros se fueron a dormir

y con ellos, nosotros

como

    se

      hace

        en

          los

            días

              perfectos

Siempre pensé que mi cuerpo tenía una forma peculiar

una forma … diferente

Ahora entiendo

que fue creado a la medida de TU cuerpo

y que incluso mis largos brazos tienen su razón de ser

con ellos te doy abrazos que rodean todo tu cuerpo

y te dan serenidad

Resulta que siempre tuve el cuerpo perfecto

Obra maestra

Ver todo lo que mi cuerpo creó

verte

Contemplar tu esencia

perfecta

Cada crespo que se asoma de tu cabello

cada suspiro que huye de tu boca

cada sonrisa que visita tus sueños

Ver todo lo que mi cuerpo creó

verme

Contemplar mi esencia

perfecta

y me amé

Eres amarillo

amarilla es tu luz y tu energía

Desde la hora cero eres amarillo

como tu abuela;

si yo soy luna; tú y ella son sol

calor, energía

ambos están hechos del fuego creador de vida

Eres Amarillo

Las demás estrellas te observan

y resplandecen de felicidad

se enorgullecen de ver a una de las suyas

convertida en un humano tan hermoso

y se sorprenden al descubrir

que sigues iluminando incluso en la tierra

Cuando nacemos

somos un reflejo de la perfección del universo

¿en qué momento nos dejamos convencer de lo contrario?

Tu piel se empapó de vía láctea

tu mente está hecha con la energía desatada del Big Bang

tus ojos guardan la esencia pura de las estrellas

tus labios imitan la forma de las galaxias

¿Es que acaso no entiendes que eres magia?

¡Tienes potencial estelar!

No temas viajar por los cielos de la tierra

cuando tu esencia de estrella

conoce galaxias que apenas soñamos con descubrir

¿A qué le puedes temer?

Si primero fuiste grande antes de ser chico

si primero fuiste inmortal antes de ser mortal;

así que sal, sin temor, y vive tus más grandes sueños

No hay razón por la cual

debas dejar de iluminar en la tierra

cuando provienes del primer gran rayo de luz

cuando tu luminosidad aún ni llega a los ojos terrestres

¿Es que acaso no entiendes que eres luz?

Eres grande, eres el universo, eres la fuerza misma

Debí haberlo sabido
que París me encantaría

Debí haberlo sabido
que Paris no sería suficiente
Pues soñaba con estar contigo en cada esquina
anhelaba sostener tu mano camino a Montmartre
y tomar el tren al próximo lugar
contigo

Debí haberlo sabido
que no me importaría el lugar
siempre que tu estuvieras a mi lado

Ahora que estás por fin aquí
solo me queda por preguntar
¿Cuál es el siguiente destino?

Dejé de necesitar las estrellas para orientarme

ya llegué por fin a mi destino

Carta a mamá, ahora que sé

No sabía, mami
perdón por no agradecer con más frecuencia
no sabía

No sabía el esfuerzo sobre humano que hacías todos los días
no sabía toda la paciencia que cultivaste para tratarme con amor
no sabía que era posible educar con tanto cariño durante el día
cuando se había pasado toda la noche en vela
no sabía a todo lo que renunciaste por mí sin remordimiento
no sabía

Por años te despertaste antes de que saliera el sol
para darme un desayuno caliente
a pesar de que odias madrugar
no sabía que detrás de tu bendición
esa que recibía de afán antes de salir
llevaba la protección más divina y poderosa
no sabía que me amabas tanto, tanto
no sabía

No sabía lo mucho que trabajaste para darme

las mejores oportunidades

unas que poco había valorado

no sabía que tus caricias sanaban mis dolores porque eres magia

no había entendido que así como yo soy tu mayor tesoro

eres tú el mío

pero hoy lo sé

por eso te digo gracias, mamá

espero seguir aprendiendo de la mayor maestra

y que me sigas enseñando con amor y paciencia

 agradezco tanto tu vida, tu acompañamiento

y que por fin, ya sé

Tuve un sueño

intangible

inmensurable

sin sentido para muchos

Y ahora ese sueño

tiene la forma de Dios

en mis brazos

Vida

Las estrellas se posaron en mí
yo les regalé un lugar en la tierra
y a cambio ellas me dieron VIDA